PANEGYRIQUE

DE

LOUIS XV.

PANEGYRIQUE

DE

LOUIS XV.

 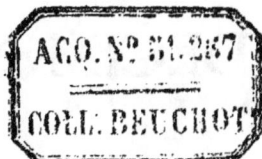

M. DCC. XLVIII.

LUDOVICO

DECIMO-QUINTO,

D E

HUMANO GENERE

BENE MERITO.

UNE voix foible & inconnuë s'élève ; mais elle sera l'inter-prête de tous les cœurs. Si elle ne l'est pas, elle est téméraire ; si elle flate, elle est coupable ; car c'est outrager le Thrône & la Patrie, que de louer son Prince des vertus qu'il n'a pas.

A

ON ſçait aſſez que ceux qui ſont à la tête des Peuples, ſont jugés par le Public avec autant de ſévérité qu'ils ſont loués en face avec baſſeſſe; que tout Prince a pour Juges les cœurs de ſes Sujets; qu'il ne tient qu'à lui de ſçavoir ſon arrêt, & de ſe connoître ainſi lui-même. Il n'a qu'à conſulter la voix publique, & ſur tout celle du petit nombre de juges, qui en tout genre entraîne à la longue l'opinion du grand nombre, & qui ſeule ſe fait entendre à la poſtérité.

LA Réputation eſt la récompenſe des Rois; la Fortune leur a donné tout le reſte; mais cette

Réputation eſt différente comme leurs caractères ; plus éclatante chez les uns , plus ſolide chez les autres ; ſouvent accompagnée d'une admiration mêlée de crainte, quelquefois appuyée ſur l'amour ; ici plus prompte, ailleurs plus tardive ; rarement pure & univerſelle.

LOUIS XII. malheureux dans la Guerre & dans la Politique, vit les cœurs du Peuple ſe tourner vers lui, & fut conſolé.

FRANÇOIS I. par ſa valeur, par ſa magnificence , & par la protection des Arts qui l'immor-taliſe, reſaiſit la gloire qu'un Rival trop puiſſant lui avoit enlevée.

A ij

HENRI IV. ce brave Guerrier,
ce bon Prince, ce grand Homme
ſi au-deſſus de ſon ſiécle, ne fut
bien connu de tout le monde
qu'après ſa mort; & c'eſt ce que
lui-même avoit prédit.

LOUIS XIV. frappa tous les
yeux, pendant quarante ans, de
l'éclat de ſa proſpérité, de ſa
grandeur & de ſa gloire, & fit
parler en ſa faveur toutes les
bouches de la Renommée.

Nos acclamations ont donné à
LOUIS XV. un titre qui doit
raſſembler en lui bien d'autres
titres; car il n'en eſt pas d'un
Souverain comme d'un Particu-
lier: on peut aimer un Citoyen

médiocre ; une Nation n'aimera
pas long-temps un Prince qui ne
fera pas un grand Prince.

CE temps fera toujours préfent
à la mémoire, où il commença à
gouverner & à combattre ; ce
temps, où les fatigues réunies du
Cabinet & de la Guerre, le mirent
au bord du Tombeau. On fe
fouvient de ces cris de douleur &
de tendreffe, de cette défolation,
de ces larmes de toute la FRANCE;
de cette foule confternée, qui fe
précipitant dans les Temples,
interrompoit, par fes fanglots, les
Prières publiques; tandis que le
Prêtre pleuroit en les prononçant,
& pouvoit les achever à peine.

Au bruit de sa Convalescence, avec quel transport nous passâmes de l'excès du desespoir à l'yvresse de la joie? Jamais les Couriers qui ont apporté les Nouvelles des plus grandes Victoires, ont-ils été reçus comme celui qui vint nous dire: *Il est hors de danger?* Les témoignages de cet amour venoient de tous côtés au Monarque: ceux qui l'entouroient, lui en parloient avec des larmes de joie; il se souleva soudain, par un effort, dans ce lit de douleur où il languissoit encore: *Qu'ai-je donc fait*, s'écria-t-il, *pour être ainsi aimé?* Ce fut l'expression naïve de ce caractère simple,

qui n'ayant de faste ni dans la
vertu, ni dans la gloire, sçavoit
à peine que sa grande ame fût
connuë.

PUISQU'IL étoit ainsi aimé, il
méritoit de l'être. On peut se
tromper dans l'admiration ; on
peut trop se hâter d'élever des
Monumens de gloire ; on peut
prendre de la fortune pour du
mérite : mais, quand un Peuple
entier aime éperdument, peut-il
errer ? Le cœur du Prince sentit
ce que vouloit dire ce cri de la
Nation : la crainte universelle de
perdre un bon Roi, lui imposoit
la nécessité d'être le meilleur
des Rois. Après un triomphe si

rare, il ne falloit pas une vertu commune.

C'est à la Nation à dire s'il a été fidéle à cet engagement, que son cœur prenoit avec les nôtres: c'est à elle de se rendre compte de sa félicité.

Il se trouvoit engagé dans une Guerre malheureuse, que son Conseil avoit entreprise pour soûtenir un Allié, qui depuis s'est détaché de nous. Il avoit à combattre une Reine intrépide, qu'aucun péril n'avoit ébranlée, & qui soulevoit les Nations en faveur de sa cause. Elle avoit porté son fils dans ses bras à un Peuple toujours révolté contre

ses

ſes pères, & en avoit fait un Peuple fidéle, qu'elle rempliſſoit de l'eſprit de ſa vengeance. Elle réuniſſoit dans elle les qualités des Empereurs ſes ayeux, & brûloit de cette émulation fatale qui anima, deux cens ans, ſa Maiſon Impériale contre la Maiſon la plus ancienne & la plus auguſte du monde.

A cette Fille des Céſars s'uniſſoit un Roi d'Angleterre, qui ſçavoit gouverner un Peuple qui ne ſçait point ſervir. Il menoit ce Peuple valeureux, comme un Cavalier habile pouſſe à toute bride un Courſier fougueux, dont il ne pourroit retenir l'impétuoſité.

B

Cette Nation, la Dominatrice de l'Océan, vouloit tenir, à main armée, la balance fur la terre, afin qu'il n'y eût plus jamais d'équilibre fur les Mers. Fière de l'avantage de pouvoir pénétrer vers nos Frontières par les Terres de nos Voifins, tandis que nous pouvions entrer à peine dans fon Ifle; fière de fes Victoires paffées, de fes richeffes préfentes, elle achetoit contre nous des Ennemis d'un bout de l'Europe à l'autre: elle paroiffoit inépuifable dans fes reffources, & irréconciliable dans fa haine.

Un Monarque qui veille à la garde des barrières que la Nature

éleva entre la France & l'Italie
& qui femble, du haut des Alpes,
pouvoir déterminer la fortune, fe
déclaroit contre nous, après avoir
autrefois vaincu avec nous. On
avoit à redouter en lui un Politique & un Guerrier ; un Prince
qui fçavoit bien choifir fes Mini-
ftres & fes Généraux , & qui
pouvoit fe paffer d'eux, grand
Général lui-même & grand
Miniftre. L'Autriche fe dépouilloit
de fes Terres en fa faveur ; l'Angleterre lui prodiguoit fes tréfors:
tout concouroit à le mettre en
état de nous nuire.

A tant d'Ennemis fe joignoit
cette République fondée fur le

Commerce, sur le Travail & sur
les Armes ; cet Etat, qui toujours
prêt d'être submergé par la Mer,
subsiste en dépit d'elle, & la fait
servir à sa grandeur ; République
supérieure à celle de Carthage,
parce qu'avec cent fois moins de
Territoire, elle a eu les mêmes
richesses. Ce Peuple haïssoit ses
anciens Protecteurs, & servoit la
Maison de ses anciens Oppresseurs :
ce Peuple, autrefois le rival &
le vainqueur de l'Angleterre sur
les Mers, se jettoit dans les bras
de ceux même qui ont affoibli son
Commerce, & refusoit l'alliance
& la protection de ceux par qui
son Commerce florissoit. Rien ne

l'engageoit dans la querelle : il pouvoit même jouir de la gloire d'être Médiateur entre les Maisons de France & d'Autriche, entre l'Espagne & l'Angleterre ; mais la défiance l'aveugla, & ses propres erreurs l'ont perdu.

CE Peuple ne pouvoit pas croire qu'un Roi de France ne fût pas ambitieux. Le voilà donc qui rompt la Neutralité qu'il a promise ; le voilà qui, dans la crainte d'être opprimé un jour, ose attaquer un Roi puissant, qui lui tendoit les bras. En vain LOUIS XV. leur répéte à tous : Je ne veux rien pour moi ; je ne demande que la justice pour mes

Alliés : je veux que le Commerce
des Nations & le vôtre foit libre ;
que la Fille de CHARLES VI.
jouiffe de l'héritage immenfe de
fes pères ; mais auffi qu'elle n'en-
vie point la Province de Parme
à l'héritier légitime ; que Genes
ne foit point opprimée ; qu'on ne
lui raviffe pas un Bien qui lui
appartient, & dont elle ne peut
jamais abufer : ces propofitions
étoient fi modérées, fi équitables,
fi defintéreffées, fi pures, qu'on
ne put le croire. Cette vertu eft
trop rare chez les hommes ; &
quand elle fe montre, on la prend
d'abord pour de la fauffeté, ou
pour de la foibleffe.

Il fallut donc combattre, fans que tant de Nations liguées fçuffent en effet pourquoi l'on combattoit. La cendre du dernier des Empereurs Autrichiens étoit arrofée du fang des Nations ; & lorfque l'Allemagne elle - même étoit devenuë tranquille, lorfque la caufe de tant de divifions ne fubfiftoit plus, les cruels effets en duroient encore. En vain le Roi vouloit la Paix ; il ne pouvoit l'obtenir que par des Victoires.

Deja les Villes qu'il avoit affiégées, s'étoient renduës à fes Armes : il vole fous les Remparts de Tournai, avec fon Fils, fon unique efpérance & la nôtre. Il faut combattre contre une Armée supérieure , dont les Anglois faisoient la principale force. C'est la Bataille la plus heureuse & la plus grande par ses suites , qu'on ait donnée depuis PHILIPPE-AUGUSTE : c'est la première , depuis SAINT LOUIS, qu'un Roi de France ait gagnée en personne contre cette Nation belliqueuse & respectable, qui a toujours été l'Ennemie de notre Patrie, après en avoir été chassée. Mais cette Victoire si heureuse, à quoi tenoit-elle ? C'est ce que lui dit ce grand Général à qui la France a des obligations éternelles. En Effet, l'Histoire déposera

que,

que, fans la préfence du Roi, la
Bataille de Fontenoy étoit perduë.
On ramenoit de tous côtés les
Canons : tous les Corps avoient
été repouffés les uns après
les autres : le Pofte important
d'Antoin avoit commencé d'être
évacué ; la Colomne Angloife
s'avançoit à pas lents, toujours
ferme, toujours inébranlable,
coupant en deux notre Armée,
faifant de tous côtés un feu
continu, qu'on ne pouvoit ni
ralentir, ni foûtenir. Si le Roi
eût cédé aux prières de tant de
ferviteurs, qui ne craignoient que
pour fes jours ; s'il n'eût demeuré
fur le Champ de Bataille ; s'il n'eût

C

fait revenir ſes Canons diſperſés,
qu'on retrouva avec tant de peine;
auroit-on fait les efforts réunis
qui décidèrent du ſort de cette
Journée ? Qui ne ſçait à quel excès
la préſence du Maître enflamme
notre Nation, & avec quelle
ardeur on ſe diſpute l'honneur de
mourir ou de vaincre à ſes yeux?
Ce moment en fut un grand
exemple. On propoſoit la Retraite;
le Roi regardoit ſes Guerriers, &
ils vainquirent.

On ne ſçait que trop quelles
funeſtes horreurs ſuivent les
Batailles ; combien de Bleſſés
reſtent confondus parmi les morts;
combien de Soldats, élevant une

voix expirante pour demander du
fecours, reçoivent le dernier coup
de la main de leurs propres Com-
pagnons, qui leur arrachent de
misérables dépouilles, couvertes
de fang & de fange ; ceux même
qui font fecourus, le font fouvent
d'une manière fi précipitée, fi
inattentive, fi dure, que le fecours
même eft funefte ; ils perdent la
vie dans de nouveaux tourmens,
en accufant la mort de n'avoir pas
été affez prompte : mais, après la
Bataille de Fontenoy, on vit un
Père qui avoit foin de la vie de fes
enfans, & tous les Bleffés furent
fecourus comme s'ils l'avoient été
par leurs frères. L'ordre, la pré-

voyance, l'attention, la propreté, l'abondance de ces Maifons que la Charité éléve avec tant de frais, & qu'elle entretient dans le fein de nos Villes tranquilles & opulentes, n'étoient pas au-deffus de ce qu'on vit dans les Etabliffemens préparés à la hâte pour ce jour de fang. Les Ennemis prifonniers & bleffés, devenoient nos compatriotes, nos frères. Jamais tant d'humanité ne fuc-céda fi promptement à tant de valeur.

Les Anglois fur tout en furent touchés; & cette Nation, la rivale de notre vertu guerrière, l'eft devenuë de notre magnanimité.

Ainſi un Prince, un ſeul homme, peut, par ſon exemple, rendre meilleurs ſes Sujets & ſes Ennemis même : ainſi les barbaries de la Guerre ont été adoucies dans l'Europe, autant que le peut permettre la méchanceté humaine; & ſi vous en exceptez ces Brigands étrangers à qui l'eſpoir ſeul du pillage met les armes à la main, on a vu, depuis le jour de Fontenoy, les Nations armées diſputer de généroſité.

Il eſt pardonnable à un Vainqueur de vouloir tirer avantage de ſa Victoire ; d'attendre au moins que le Vaincu demande la Paix, & de la lui faire acheter

chérement , c'eft la Maxime
de la Politique ordinaire. Quel
parti prendra le Vainqueur de
Fontenoy ? Dès le jour même
de la Bataille , il ordonne à
fon Secrétaire d'Etat d'écrire en
Hollande qu'il ne demande que
la pacification de l'Europe : il
propofe un Congrès : il protefte
qu'il ne veut pas rendre fa condi-
tion meilleure ; il fuffit que celle
des Peuples le foit par lui. Le
croira-t-on dans la poftérité ?
C'eft le Vainqueur qui demande
la Paix ; & c'eft le Vaincu qui la
refufe. LOUIS XV. ne fe rebute
pas ; il faut au moins feindre de
l'écouter. On envoie quelques

Plénipotentiaires ; mais ce n'eſt
que par une formalité vaine ; on
ſe défie de ſes offres : les Ennemis
lui ſuppoſent de vaſtes projets,
parce qu'ils oſoient en avoir encore. Toutes les Villes cependant
tombent devant lui , devant les
Princes de ſon Sang, devant tous
les Généraux qui les aſſiégent.
Des places qui avoient autrefois
réſiſté trois années, ne tiennent
que peu de jours. On triomphe
à Mêlle , à Rocoux , à Laufelt :
on trouve par-tout les Anglois
qui ſe dévouënt, avec plus de
courage que de politique , pour
leurs Alliés ; & par-tout la valeur
Françoiſe l'emporte ; ce n'eſt

qu'un enchaînement de Victoires. Nous avons vû un temps où ces Feux, ces Illuminations, ces Monumens paſſagers de la gloire, devenus un Spectacle commun, n'attiroient plus l'empreſſement de la multitude raſſaſiée de ſuccès.

QUELLE eſt la ſituation enfin où nous étions au commencement de cette dernière Campagne, après une Guerre ſi longue, & qui avoit été deux ans ſi malheureuſe?

CE Général étranger, naturaliſé par tant de Victoires, auſſi habile que Turenne, & encore plus heureux, avoit fait de la Flandre entière une de nos Provinces. DU

Du côté de l'Italie, où les obstacles sont beaucoup plus grands; où la Nature oppose tant de barrières; où les Batailles sont si rarement décisives, & cependant les ressources si difficiles, on se soutenoit du moins après une vicissitude continuelle de succès & de pertes. On étoit encore animé par la gloire de la journée des Barricades, par l'escalade de ces Rochers qui touchent aux nuës; par ces fameux Passages du Pô.

Un Chef actif & prévoyant, qui conçoit les plus grands projets, & qui discute les plus petits détails; ce Général, qui, après avoir sauvé l'Armée de Prague, par

D

une retraite digne de *Xenophon*,
& avoir délivré la Provence,
difputoit alors les Alpes aux
Ennemis, & les tenoit en allarmes.
Il les avoit chaffés de Nice : il
mettoit en fureté nos Frontières.
Un génie brillant, audacieux,
dans qui tout refpire la grandeur,
la hauteur & les graces; cet homme
qui feroit encore diftingué dans
l'Europe, quand même il n'auroit
aucune occafion de fe fignaler,
foutenoit la liberté de Genes contre les Autrichiens, les Piémontois
& les Anglois. Le Roi d'Efpagne,
inébranlable dans fon Alliance,
joignoit à nos Troupes fesTroupes
audacieufes & fidelles, dont la

valeur ne s'eft jamais démentie. Le Royaume de Naples étoit en fureté. LOUIS XV. veilloit à la fois fur tous fes Alliés, & contenoit ou accabloit tous fes Ennemis.

ENFIN, par une fuite de l'admi-niftration fecrette qui donne la vie à ce grand Corps politique de la France, l'Etat n'étoit épuifé ni par les tréfors engloutis dans la Bohême & dans la Bavière; ni par les libéralités prodiguées à un Empereur que le Roi avoit protégé; ni par ces dépenfes immenfes qu'exigeoient nos nom-breufes Armées. L'Autriche & la Savoye, au contraire, ne fe fou-tenoient que par les Subfides de l'Angleterre ; & l'Angleterre commençoit à succomber sous le fardeau ; son sang & ses trésors se perdoient pour des intérêts qui n'étoient pas les siens : la Hollande se ruinoit & s'enchaînoit par opiniâtreté : des craintes imaginaires lui faisoient éprouver des malheurs réels ; & nous victorieux & tranquilles, nous regardions de loin, dans le sein de l'abondance, tous les fléaux de la Guerre portés loin de nos Provinces.

Nous avons payé avec zéle tous les Impôts, quelque grands qu'ils fussent ; parce que nous avons senti qu'ils étoient nécessaires ; & établis avec une sage

proportion. Auſſi (ce qui peut-
être n'étoit jamais arrivé depuis
pluſieurs ſiécles) aucun Miniſtre
des Finances n'a excité le moindre
murmure, aucun Financier n'a été
odieux; & quand, ſur quelques
difficultés, le Parlement a fait
des Remontrances à ſon Maître,
on a cru voir un Père de famille
qui conſulte, ſur les intérêts de
ſes enfans, les Interprétes des
Loix.

Il s'eſt trouvé un homme qui a
ſoutenu le crédit de la Nation
par le ſien; crédit fondé à la fois
ſur l'induſtrie & ſur la probité,
qui ſe perd ſi aiſément, & qui ne
ſe rétablit plus quand il eſt détruit.

C'étoit un des prodiges de notre siécle ; & ce prodige ne nous frappoit pas peut-être aſſez: nous y étions accoûtumés, comme aux vertus de notre Monarque. Nos Camps devant tant de Places aſſiégées, ont été ſemblables à des Villes policées, où régnent l'ordre, l'affluence & la richeſſe. Ceux qui ont ainſi fait ſubſiſter nos Armées, étoient des hommes dignes de ſeconder ceux qui nous ont fait vaincre.

Vous pardonnez , Héros équitable, Héros modeſte, vous pardonnez ſans doute, ſi on oſe mêler l'éloge de vos Sujets à celui du Père de la Patrie? Vous les avez choifis. Quand tous les refforts d'un Etat fe déploient d'un concert unanime, la main qui les dirige, eft celle d'un grand homme: peut-être cefferoit-il de l'être s'il voyoit d'un œil chagrin & jaloux, la juftice qui leur eft renduë.

GRACE à cette adminiftration unique, le Roi n'a jamais éprouvé cette douleur, fi cruelle pour un bon Prince, de ne pouvoir récompenfer ceux qui ont prodigué leur fang pour l'Etat.

JAMAIS, dans le cours de cette longue Guerre, le Miniftre n'a ignoré, ni laiffé ignorer au Prince, aucune belle action du moindre

Officier, & toutes nombreuses, toutes communes qu'elles font devenuës, jamais la récompenfe ne s'eft fait attendre. Mais quel pouvoir chez les hommes eft affez grand pour mettre un prix à la vie ? Il n'en eft point ; & fi le cœur du Maître n'eft pas fenfible, on n'eft mort que pour un ingrat.

CITOYENS heureux de la Capitale, plufieurs d'entre vous verront, dans leurs Voyages, ces Terreins que LOUIS XV. a rendus fi célébres, ces Plaines fanglantes que vous ne connoiffez encore que par les Réjouiffances paifibles qui ont célébré des Victoires fi chérement achetées;

quand

quand vous aurez reconnu la place où tant de Héros font morts pour vous, verfez des larmes fur leurs Tombeaux : imitez votre Roi qui les regrette.

Un de nos Princes écrivoit au Roi, de la cime des Alpes, qui étoient fes Champs de victoire : *Le Colonel de mon Régiment a été tué : vous connoiffez trop, Sire, tout le prix de l'amitié, pour n'être pas touché de ma douleur.* Qu'une telle Lettre eft honorable, & pour qui l'écrit, & pour qui la reçoit ! O hommes, apprenez d'un Prince & d'un Roi, ce que vaut le fang des hommes !

Puissent ceux qui croient

E

que, dans les Cours, l'intrigue ou le hazard diftribue toujours les récompenfes, lire quelques-unes de ces Lettres que le Monarque écrivoit après fes Victoires. *J'ai perdu*, dit-il dans un de ces Billets où le cœur parle, & où le Héros fe peint, *j'ai perdu un honnête-homme & un brave Officier, que j'eftimois, & que j'aimois. Je fçais qu'il a un frère dans l'Etat Eccléfiaftique; donnez-lui le premier Bénéfice, s'il en eft digne, comme je le crois.*

PEUPLES, c'eft ainfi que vous êtes gouvernés. Songez quelle eft votre gloire au-dehors, votre tranquillité au-dedans:

voyez les Arts protégés au milieu
de la Guerre : comparez tous
les temps; comptez - les depuis
CHARLEMAGNE; quel Siécle
trouverez - vous comparable à
notre Age ? Celui du Régne trop
court de l'immortel HENRI IV.
depuis la Paix de Vervins ; &
encore quel affreux levain reſtoit
des diſcordes de quatre Régnes?
Les belles & triomphantes années
de LOUIS XIV. mais quels
malheurs les ont ſuivi? & puiſſe
notre bonheur être plus durable!
Enfin vous trouverez ſoixante
ans peut-être de grandeur & de
félicité répanduës dans plus de
neuf Siécles ; tant le bonheur

public eft rare; tant le chemin eft lent, qui mène en tout genre à la perfection; tant il eft difficile de gouverner les hommes, & de les fatisfaire.

On s'eft plaint (car la vérité ne diffimule rien, & nous fommes affez grands pour avouer ce qui nous manque) on s'eft plaint qu'un feul reffort fe foit rencontré foible dans cette vafte & puiffante machine fi habilement conduite. LOUIS XV. en prenant à la fois le timon de l'Etat & l'Epée, ne trouva point dans fes Ports, de ces Flotes nombreufes, de ces grands Etabliffemens de Marine, qui font l'ouvrage du temps. Un effort précipité ne peut en ce genre suppléer à ce qui demande tant de prévoyance & une si longue application. Il n'en eft pas de nos Forces maritimes comme de ces Triremes que les Romains apprirent fi rapidement à conftruire & à gouverner. Un feul Vaiffeau de guerre eft un objet plus grand que les Flotes qui décidèrent auprès d'Actium de l'Empire du monde. Tout ce qu'on a pû faire, on l'a fait : nous avons même armé plus de Vaiffeaux que n'en avoit la Hollande, qu'on appelle encore *Puiffance maritime;* mais il n'étoit pas poffible d'égaler en peu d'années l'Angleterre, qui étant si peu de chose par elle-même sans l'Empire de la Mer, regarde, depuis si long-temps, cet Empire comme le seul fondement de sa puissance, & comme l'essence de son Gouvernement. Les hommes réussissent toujours dans ce qui leur est absolument nécessaire ; & ce qui est nécessaire à un Etat, est toujours ce qui en fait la force. Ainsi la Hollande a ses Navires marchands, la Grande-Bretagne, ses Armées navales ; la France, ses Armées de terre.

Le Ministre qui prêtoit la main aux rênes du Gouvernement dans le commencement de la Guerre,

étoit dans cette extrême vieilleſſe
où il ne reſte plus que deux
objets, le moment qui fuit, &
l'Eternité. Il avoit ſçû long-temps
retenir comme enchaînées ces
Flotes de nos Voiſins toujours
prêtes à courir les Mers, & à
s'élancer contre nous. Ses Négo-
ciations lui avoient acquis le droit
d'eſpérer que ſes yeux, prêts à ſe
fermer, ne verroient plus la
Guerre; mais Dieu, qui prolonge
& retranche à ſon gré nos années,
frapa CHARLES VI. avant lui; &
cette mort imprévuë, comme le
ſont preſque tous les événemens,
fut le ſignal de plus de deux cens
mille morts. Enfin la ſageſſe de ce

Vieillard refpectable, fes fervices, fa douceur, fon égalité, fon defintéreffement perfonnel méritoient nos éloges, & fon âge nos excufes. S'il avoit pû lire dans l'avenir, il auroit ajouté, à la puiffance de l'Etat, ce rempart de Vaiffeaux, cette Force qui peut fe porter à la fois dans les deux Hémifphères : & que n'auroit-on point exécuté ? Le Héros, auffi admirable qu'infortuné, qui aborda feul dans fon ancienne Patrie, qui feul y a formé une Armée, qui a gagné tant de Combats, qui ne s'eft affoibli qu'à force de vaincre, auroit recueilli le fruit de fon audace plus qu'humaine ; & ce

Prince,

Prince, fupérieur à Guftave Vafa, ayant commencé comme lui, auroit fini de même.

MAIS enfin , quoique ces grandes reffources nous manquaffent, notre gloire s'eft confervée fur les Mers. Tous nos Officiers de Marine , combattant avec des Forces inférieures , ont fait voir qu'ils euffent vaincu , s'ils en avoient eu d'égales. Notre Commerce a fouffert, & n'a jamais été interrompu : nos grands Etabliffemens ont fubfifté ; nous avons renverfé ceux de nos Ennemis aux extrémités de l'Orient. Nous étions par-tout à craindre , & tout tomboit devant nous en Flandre.

F

DANS ces circonſtances heu-
reuſes on vole de la Victoire de
Laufelt aux Baſtions de Berg-
op - zoom. On ſçavoit que les
Requeſens, les *Parme*, les *Spinola*,
ces Héros de leur Siécle , en
avoient tour-à-tour levé le Siége.
LOUIS XIV. lui-même, dont
l'Armée victorieuſe ſe répandit
comme un torrent dans quatre
Provinces de la Hollande , ne
voulut pas ſe commettre à l'aſſié-
ger. *Cohorn* , le *Vauban* Hollan-
dois, en avoit fait depuis la Place
de l'Europe la plus forte. La Mer &
une Armée entière la défendoient:
LOUIS XV. en ordonne le
Siége , & nous la prenons d'aſſaut.

Le Guerrier qui avoit forcé Ofakow dans la Tartarie, déploie ainfi fur cette frontière de la Hollande, de nouveaux fecrets de l'Art de la Guerre; fecrets au-deffus des régles de l'Art. A cette nouvelle Conquête, qui répandit tant de confternation chez les Ennemis, & qui étonna tant les Vainqueurs, l'Europe penfe que LOUIS XV. ceffera d'être fi facile; qu'il fera éclater enfin cette ambition cachée qu'on redoute, & qu'on juftifie en la fuppofant toujours. Il le faut avouer, les Ennemis ont fait ce qu'ils ont pû pour la lui infpirer. Ils font heureux : ils n'ont pas réuffi.

Il arbore le même Olivier fur ces Murs écrafés & fumans de fang : il ne propofe rien de plus que ce qu'il offroit dans fes premières profpérités.

CET excès de vertu ne perfuade pas encore ; il étoit trop peu vraifemblable : on ne veut point recevoir la Loi de celui qui peut l'impofer : on tremble, & on s'aigrit : le Vaincu eft auffi obftiné dans fa haine, que le Vainqueur eft conftant dans fa clémence. Qui auroit jamais cru que cette opiniâtreté eût pû fe porter jufqu'à chercher des Troupes auxiliaires dans ces Climats glacés, qui n'aguères n'étoient connus que

de nom ? Qui eût pensé que ces
Habitans des bords du Volga &
de la Mer Caspienne, dussent être
appellés aux bords de la Meuse ?
Ils viennent cependant ; & cent
mille hommes qui couvrent
Maestrich , les attendent pour
renouveller toutes les horreurs
de la Guerre. Mais, tandis que les
Soldats hyperboréens font cette
marche si longue & si pénible, le
Général chargé du Destin de la
France, confond en une seule
marche tant de projets. Par quel
art a-t-il pû faire passer son Armée
à travers l'Armée ennemie ? Com-
ment Maestrich est-il tout d'un
coup assiégé en leur présence ?

Par quelle intelligence fublime les a-t-il difperfés ? Maeftrich eft aux abois ; on tremble dans Nimegue ; les Généraux ennemis fe reprochent les uns aux autres ce coup fatal, qu'aucun d'eux n'a prévû ; toutes les reffources leur manquent à la fois ; il ne leur refte plus qu'à demander cette même Paix, qu'ils ont tant rejetté. Quelles conditions nous impofe-rez-vous, difent-ils ? Les mêmes, répond le Roi victorieux, que je vous ai préfentées depuis quatre années, & que vous auriez ac-ceptées fi vous m'aviez connu. Il en figne les Préliminaires : le voile qui couvroit tous les yeux, tombe alors ; & les plus fages de nos Ennemis s'écrient : Le Père de la France eft donc le Père de l'Europe !

LES Anglois fur-tout, chez qui la raifon a toujours quelque chofe de fupérieur, quand elle eft tranquille, rendent comme nous juftice à la vertu : eux qui s'irritèrent fi long-temps contre la gloire de LOUIS XIV. chériffent celle de LOUIS XV.

CE grand ouvrage de la Paix n'eft pas encore fini ; mais la Terre doit des remercimens à qui l'a commencé ; & malheur à la main cruelle qui renverferoit l'édifice de la félicité publique,

que LOUIS XV. élève de fes mains triomphantes !

IL y a toujours des hommes qui contredifent la voix publique. Des Politiques ont demandé pourquoi ce Vainqueur fe contente de la juftice qu'il fait rendre à fes Alliés ; pourquoi il s'en tient à faire le bonheur des hommes : il pouvoit d'un mot gagner plufieurs Villes. Oui, il le pouvoit, fans doute : mais lequel vaut le mieux pour un Roi de France, & pour nous, de retenir quelques foibles Conquêtes, inutiles à fa grandeur, en laiffant dans le cœur de fes Ennemis des femences éternelles de difcorde & de haine ;

ou

ou bien de se contenter du plus beau Royaume de l'Europe, en conquérant des cœurs qui sembloient pour jamais aliénés, en fermant ces anciennes plaies que la jolousie faisoit saigner, en devenant l'arbitre des Nations si long-temps conjurées contre nous? Quel Roi a fait jamais une Paix plus utile? Il faut enfin rendre gloire à la vérité. LOUIS XV. apprend aux hommes que la plus grande politique est d'être vertueux. Que nous reste-t-il à souhaiter desormais, sinon qu'il se ressemble toujours à lui-même, & que les Rois à venir lui ressemblent.

F I N.